上百幅手繪全景地圖，可拉頁展開

用全景地圖學世界史下

文藝復興時期到二十世紀

魏新 編寫　星蔚時代 編繪

余慶俊 校訂

目 錄
CONTENTS

地圖上的歷史時光之旅

「井蛙不可以語於海，夏蟲不可以語於冰。」孩子的見聞直接決定著他的視野，影響著他成長的高度，尤其在全球一體化的今天，「博古通今」、「學兼中外」已經成為孩子綜合素養的基本要求。

翻開這套《用全景地圖學世界史》，浩如煙海的人類文明如同畫卷般徐徐展開，帶著孩子與早期智人一起捕獵，與蘇美爾人一起發明文字，與古羅馬軍團一道征戰南北，與古希臘詩人一併書寫神話，與古印度哲人一同探求人生的真諦……。

這是一部獻給孩子的世界歷史。書中精選了數百個精彩的歷史故事，上百張精美絕倫的全景圖畫，數十幅準確權威的歷史地圖……詳盡有序地展現了世界各大文明的歷史變遷、文化進步、技術革新和思想革命。同時，每一時期都設置了時間線把世界和中國的重大歷史事件進行比照，讓孩子清晰直觀地知曉中國和世界各地同時期的歷史變遷，讓孩子能夠立足世界看中國，同時也從中國的角度瞭解世界。

在此，特別感謝中國社會科學院世界歷史研究所的孟慶龍和張煒兩位專家嚴謹把關，也感謝星蔚插畫團隊的魏雪明、周群詩、鄒福慶、玄子等老師為孩子們獻上如此精美的圖畫。

那麼，讓我們一起打開這套書，開啓一段地圖上的歷史時光之旅吧！

魏 新

歐洲

大航海時代的船帆指引著人類前進的方向，文藝復興的巨浪衝擊著教廷的統治，宗教改革的呼喊喚醒了沉睡的民族。解除了思想禁錮的歐洲各國正在飛速崛起，一個屬於他們的時代即將到來。

非洲

在非洲北部，西班牙人與摩爾人還在進行著激烈的戰鬥。而在非洲西部，強大的馬利王國進入了鼎盛時期。

伊莉莎白女王

俄羅斯貴族

歐洲

動亂歐洲

金字塔

鄂圖曼帝國

明朝朱棣

亞洲

紅巾軍起義

馬利王國

非洲

阿拉伯商人

大洋洲

殖民者來到澳大利亞大陸

大洋洲

歐洲的殖民者紛紛來到澳大利亞大陸。

美洲

哥倫布發現了美洲，富饒的阿茲特克帝國倒塌，強盛的印加王朝慘遭滅國，衰弱的馬雅城邦四分五裂，美洲幾乎在一夜之間變成了歐洲人的天下。

因紐特人

印第安部落

北美洲

哥倫布發現新大陸

鄭和下西洋

亞洲

此時的亞洲仍然是世界的中心，強盛的大明王朝促進了各地區之間的往來。

南美洲

歐洲人殖民美洲

文藝復興時期

（14世紀—17世紀）

拜占庭帝國給歐洲留下了古典文明的寶藏，大航海時代的到來點燃了人們對財富的渴望。在一個充滿希望的年代，無數人踏上船板，朝著未知的世界，揚帆起航。

3

文藝復興時期·時間線

1337 年　英法百年戰爭
開始

14 世紀—17 世紀
歐洲文藝復興運動

1453 年　拜占庭帝國
滅亡，英法百年戰爭
結束

1337年　**1368年**　**1400年**　**1405年**　**1421年**　**1453年**

中國發生了什麼

1368 年　元朝滅亡
1368 年　朱元璋建立明朝

1405 年—1433 年
鄭和七次下西洋

1421 年　明遷都北京

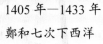
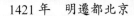

15 世紀晚期
圈地運動開始

1480 年　莫斯科公
國擺脫蒙古控制

1497 年—1499 年
達·伽馬開闢西歐
到印度的新航路

1517 年　馬丁·路德
發動宗教改革

16 世紀早期　印度蒙兀兒帝國
建立

16 世紀　葡萄牙和西班牙殖民
者在亞洲、美洲強占殖民地

1566 年—1609 年　尼德蘭革命

1592 年—1598 年　朝鮮
軍民抗擊日本侵略的衛
國戰爭

1480年　**1497年**　**1517年**　**1553年**　**1566年**　**1592年**

16 世紀中期　戚繼光抗倭

・文藝與思想的解放・

繽紛多彩的文藝復興

壓抑的時代

　　中世紀時，歐洲幾乎所有國家都受到基督教思想的控制，教會宣揚「人人有罪」，要求人們生活簡樸，通過贖罪實現死後升入天堂的願望。所以，當時的歐洲人生活得十分壓抑。

　　14 世紀中期，義大利興起了一批以佛羅倫斯、威尼斯為代表的商業化城市，大商人、貴族主導和控制著這些城市的商業和手工業。他們積累了財富，追求享受生活，發揚人的個性，關注人的價值和命運，不再遵從教會「神權至上」的思想。這一時期湧現出許多文學家、思想家和藝術家，他們採取復興古希臘羅馬文化的方式，反對教會的控制，推動了一場文化、思想領域的解放運動，史稱「文藝復興」。

大西洋

西班牙

里斯本

托

牙

格瑞那達

◦ 文藝復興運動的
■ 文藝復興發源地

熱衷於美術的市民

佛羅倫斯

威尼斯來的商人

談論文藝

文藝復興「文學三傑」

距今 700 多年前，在版圖如同一隻大靴子的義大利半島上，許多優秀的文學作品誕生了。這些作品表面上大多描述古希臘和古羅馬時期的英雄人物，其實是在譏諷羅馬教皇和當時歐洲的王公貴族。在眾多優秀的文學作品中，以三位作家的作品最為突出，他們分別是但丁、佩脫拉克與薄伽丘，後人將他們並稱為文藝復興「文學三傑」。

歐洲文藝復興

用來交易的雕塑

堅持「日心說」的「瘋子」

　　歐洲的基督教一直宣揚「地球是宇宙的中心」。波蘭王國一位名為哥白尼的教士，在經過多年研究後，認為「地球圍繞著太陽轉」。

　　他的言論震驚了整個歐洲，也因此挑戰了基督教會的權威。於是基督教會對哥白尼進行打壓和迫害，強迫他改變自己的觀點。哥白尼迫於壓力，每天裝瘋賣傻，但仍暗中偷偷地寫稿子。這樣瘋狂的日子整整堅持了 30 年，他才完成了自己的著作《天體運行論》。

　　1543 年，《天體運行論》正式出版，此時的哥白尼已經 70 歲了，他拿到書沒多久，就與世長辭了。

哥白尼

但丁

佩脫拉克

薄伽丘

「驚世奇才」達文西

在文藝復興時期的歐洲，出現過這樣一個人：他既是畫家，又是學者；既是發明家，又是工程師；既是音樂家，又是美術家；既是物理學家，又是生物學家……他名為達文西，是世界名畫《蒙娜麗莎》和《最後的晚餐》的作者。

達文西的一生創造過許多奇蹟，最令人驚訝的是，他去世後，人們在他的手稿中，看到了許多人類幾百年後才發明出來的東西，包括機關槍、潛水艇和滑翔機，甚至還有機器人的設計圖。

這些手稿的內容遠遠超過他所處時代人類的想像。難怪愛因斯坦說：「達文西的誕生，令人類科技進步了 300 多年！」

「固執」的米開朗基羅

米開朗基羅是文藝復興時期最優秀的雕塑家之一。據說，當年他完成作品《大衛》後，當地的執政官曾經前去觀看，並指著雕塑說：「鼻子太大了，應該改小一點！」

米開朗基羅並沒有與其爭辯，而是老老實實舉起工具在雕塑上敲敲打打，只見粉末四濺，不一會兒，米開朗基羅就修改好了。執政官望著修改後的雕塑，滿意地走了。

官員走後，米開朗基羅讓助手弄點水給他洗手，助手很不解，米開朗基羅攤開手給他看。原來，他剛才只是偷抓了一把粉末在假裝修改而已。

驕傲的米開朗基羅從來不會為了別人的意見而修改自己的作品。他的這尊《大衛》後來被視為西方美術史上最優秀的人體雕像。

達文西

拉斐爾

米開朗基羅

• 地球究竟是圓的還是方的？ •
大航海時代來啦！

了不起的亨利王子

距今 600 多年，人們對世界的認識還十分有限。中國明朝的皇帝覺得自己位於世界中心，歐洲的學者認為世界是正方形的 …… 無論東方還是西方，都不清楚世界是什麼樣子，人們每次提起海洋，就會與各種怪獸妖魔聯繫起來。

15 世紀，葡萄牙王子亨利傾其所有，創辦了航海學校，培訓優秀的水手，還設立了專門的圖書館，用於收集世界各地的航海書籍，並資助那些出海貿易的商人。

在亨利王子的努力下，一座又一座島嶼被標注在地圖上，一條又一條航線被開闢出來。亨利王子將所有的精力都奉獻給了航海事業。1460 年，當他去世時，葡萄牙王國已成為整個歐洲的航海中心。

麥哲倫

麥哲倫航海

去航海吧！

歐洲人認為波濤洶湧的大西洋是不歡迎人類的。自從葡萄牙的亨利王子組建船隊，並且靠出海發了大財之後，才打破這一說法，歐洲人血液裡的冒險基因被徹底啟動了。出於對探險的激情和對財富的渴望，無數航海家先後踏上甲板，開始了探索海洋的征程。

從 15 世紀開始，歐洲人藉由開闢一條又一條航線將各個大陸連接起來。後世學者將這一時期稱為「大航海時代」或「地理大發現時代」。

麥哲倫環球航行

1519 年 9 月 20 日，葡萄牙航海家麥哲倫奉西班牙國王之命，率領船隊出發，一直向西航行。他們此行的目的是開闢到東方的新航路，以獲得東方的財富。

麥哲倫的船隊一直向西航行，越過大西洋後，他們在一望無際的大海上航行了 3 個多月。由於一路上風平浪靜，十分順利，所以他們將這片海域命名為「太平洋」。

穿過太平洋後，他們抵達菲律賓。不幸的是，麥哲倫捲入了當地土著居民之間的戰爭，被當地土著居民亂刀砍死了。

麥哲倫死後，餘下的水手繼續航行，終於在 1522 年 9 月回到了西班牙。這次偉大的探索歷時 3 年，出發時的 265 名船員，僅剩 18 人活著回到了故鄉。這次航行也證明了地球是圓的。

土著

快看！我們發現了「新大陸」

一直以來，歐洲人認為想要與位於東方的中國和印度做生意，就必須向東航行。隨著越來越多的人認可「地球是圓的」這一論點，理論上，向西出發也能夠到達中國和印度。

1492 年，富有探險精神的義大利航海家哥倫布決定去驗證這一想法，他帶領著由 87 名船員和 3 艘船組成的船隊向西駛去，經過 2 個多月的航行，終於發現了一塊陸地。

哥倫布十分興奮，他以為自己成功抵達了印度。直到他去世後，人們才發現，哥倫布抵達的這片土地，是一片未被標注在地圖上的新大陸——美洲。

哥倫布發現「新大陸」

新航線的開闢

北美洲
南美洲
巴西
歐洲
亞洲
非洲
大洋洲

葡萄牙 西班牙
哥倫布 1492 年
巴哈馬群島
古巴島
海地島
卡里庫特
馬林迪
1498 年
菲律賓群島
麥哲倫等 1521 年
好望角
麥哲倫同伴 1522 年
1521 年

達‧伽馬的印度航線

　　達‧伽馬是葡萄牙航海家。1497 年 7 月，他率領船隊從葡萄牙起航，繞過非洲大陸，橫跨印度洋，到達了印度西海岸，從當地人手中購買了一批胡椒與肉桂後離開，最後在 1499 年 9 月返回葡萄牙。

　　這是歷史上歐洲人第一次在海上與印度人進行貿易。達‧伽馬開闢的這條印度航線在此後數百年間，為歐洲人帶來了無窮無盡的財富。

13

贖罪券真的有用嗎？

在歐洲，羅馬教皇長期以來借「上帝」的名義影響著整個歐洲。大約 600 多年前，教會為了撈錢，出售一種名為「贖罪券」的東西。

贖罪券有什麼用呢？人們犯了罪，花錢買一張贖罪券，就會得到上帝的寬恕。這種做法招來了許多人的反感。1517 年，一位名為馬丁·路德的人發表了抨擊教皇出售贖罪券的文章——《九十五條論綱》。在文章中，馬丁·路德疾呼，廢除贖罪券，想要獲得上帝的原諒得依靠自己對信仰的虔誠和敬畏！

馬丁·路德的說法得到了許多人的支持，越來越多的人聚集在他身邊，不再相信教皇說的話。馬丁·路德的追隨者們被稱為「新教教徒」，並得到了很多國家的承認。

焚燒贖罪券

宗教改革浪潮

新教徒掀起宗教改革的浪潮後，歐洲各國的教會都受到了衝擊。瑞士人民趕跑了販賣贖罪券的教皇使者，並在喀爾文的帶領下建立了基督教新教派別——喀爾文派（後傳到法國，也稱胡格諾教）；而英國的教會則在國王亨利八世的帶領下獨立組成了「聖公會」。

羅馬教皇在歐洲各國的影響力受到了極大的挑戰和削弱。

胡斯戰爭

早在馬丁‧路德掀起宗教改革浪潮的 100 多年前，歐洲波希米亞王國有個名為揚‧胡斯的教士就指出了教會的腐敗。但是，教會不但沒有正視自身的問題，反而把揚‧胡斯活活燒死了。

揚‧胡斯死後，憤怒的波希米亞人民發動了一場聲勢浩大的起義。他們採用一種稱作「戰車堡壘」的戰術對抗教皇派來的軍隊。羅馬教皇五次發動圍剿，都以失敗告終，最後還是靠花錢拉攏和收買起義軍的內部成員，讓起義軍自相殘殺，才鎮壓了這次起義。

胡斯戰爭

「拋到窗外去！」

神聖羅馬帝國是一個十分特別的國家，它名義上是一個國家，內部卻存在非常多的諸侯勢力。當馬丁・路德創建了「新教」之後，神聖羅馬帝國內部有近一半的諸侯選擇追隨他，而帝國的皇帝則信仰天主教（由羅馬教皇領導的基督教）。

為了防止新教發展，皇帝派遣使者前往波希米亞境內，去搗毀當地的新教教堂。結果，憤怒的新教徒們直接衝進了市政廳，將皇帝派來的使者扔出窗外。這就是著名的「拋窗事件」（第二次）。它是神聖羅馬帝國境內天主教勢力與新教勢力全面開戰的導火線。

三十年戰爭

「拋窗事件」發生後，神聖羅馬帝國的皇帝急忙派兵鎮壓叛亂，而信仰新教的諸侯們也聯合起來，共同對抗皇帝。

這場戰爭持續了 30 多年，導致至少 800 萬人死於戰火。其間，西班牙、丹麥、瑞典、法國等歐洲國家都被捲了進來。最後，雙方同意言和，在 1648 年簽訂了《西發里亞和約》，承認信仰自由、宗教平等。

胡格諾戰爭

16 世紀中葉，胡格諾教（喀爾文派）在法國南部地區流傳開來，獲得了許多封建領主的支持，但是法國北部地區的領主們依舊信仰天主教。1562 年，兩個教派為爭奪政治權力和經濟利益而爆發了戰爭，即胡格諾戰爭，又稱法國宗教戰爭。這場戰爭持續了 36 年。

最後，法國國王亨利四世頒布「南特詔令」，規定天主教為法國國教，胡格諾教徒在法國全境獲得信仰自由。

·瘋狂的殖民時代·
殖民與掠奪

與大航海時代一同出現的還有殖民主義。殖民是指一個國家占領另一個國家或地區，並奴役當地人民，掠奪當地的財富和資源。

最早進行殖民掠奪的國家是葡萄牙和西班牙，他們在亞洲、非洲、拉丁美洲建立了一些殖民據點與商站，在當地進行掠奪式貿易，奴役當地人民為自己勞作，並將這些地區的資源和財富源源不斷地運回本土。葡萄牙和西班牙就是靠著這種野蠻的做法獲得財富。

全副武裝的士兵

被屠殺的土著

看到葡萄牙和西班牙透過殖民掠
奪得到了好處，荷蘭、英國等許多國
家紛紛開始效仿。於是，亞洲、非洲
和美洲等地人民的悲慘生活開始了。

殖民時代的貴族

葡萄牙殖民南美洲

「海上馬車夫」

尼德蘭原本是個地名，指的是低窪的地方，也就是如今的荷蘭和比利時一帶，16世紀初開始被西班牙統治。西班牙王室在這裡橫徵暴斂，導致尼德蘭地區的人們無法忍受。於是，當地的富商與農場主們團結起來，領導人民發動了一場革命。1609年，革命軍獲勝後，正式宣布尼德蘭獨立，並成立了荷蘭共和國。

獨立之後，荷蘭人運用智慧發明出當時全歐洲最輕便、最快捷的商船，並幫助其他國家運送貨物。由於荷蘭人誠實守信，其他國家都願意與他們合作。在很長一段時間裡，全歐洲，每4艘船就有3艘是荷蘭人的，這就是「海上馬車夫」稱號的由來。

荷蘭殖民商船

奧蘭治親王威廉一世
領導尼德蘭革命，被譽為
「荷蘭國父」

尼德蘭革命領導人

20

「兩牙」瓜分世界

葡萄牙與西班牙堪稱是「殖民主義」的急先鋒。葡萄牙人最先開闢了通往印度的航線，並占領了沿途的重要島嶼，其他國家的船隻一旦停靠就要向其繳納高昂的「過路費」。

透過這種手段，葡萄牙壟斷了與印度的貿易，從中賺取了高額利潤。

而西班牙的做法更加簡單粗暴。西班牙派遣軍隊跑到美洲，屠殺當地的土著居民，並掠奪了當地的黃金和白銀，這使得西班牙一夜暴富！

1493 年，為了爭奪在美洲的殖民地，葡萄牙和西班牙兩個國家還跑到羅馬教皇面前去「打官司」。最後，教皇裁定：以大西洋中部亞速爾群島和維德角群島以西 100 里格（後來又向西移動了 270 里格）為分界線，以西的區域歸西班牙所有，以東的區域歸葡萄牙所有。

此線使葡萄牙占據了去印度貿易線上的所有據點。這條分界線後來被稱為「教皇子午線」。

（注：1 里格約等於 3 海里）

「無敵艦隊」

「無敵艦隊」的覆滅

1559 年 1 月 15 日，伊莉莎白一世正式加冕為英國女王。這位年輕的女王繼位不久，就面臨著巨大的威脅——西班牙的「無敵艦隊」。

當時，西班牙是歐洲強國，西班牙人堅定地信仰天主教，而英國人則信仰「聖公會」。或許是為了證明自己強大的國力，西班牙派遣了一支由 128 艘戰船、2430 門火炮、7000 名船員和水手及 23000 名步兵組成的「無敵艦隊」進攻英國。

面對強敵，伊莉莎白女王大膽起用「草根」船長德雷克指揮英國艦隊迎戰。最後，英國海軍大獲全勝，西班牙「無敵艦隊」幾乎全軍覆沒。

歐洲

平等、自由、博愛的思想開始
盛行於歐洲大陸，曾經堅不可摧
的王權遭到大眾的質疑。

俄國與瑞典戰爭

拿破崙崛起

歐洲

彼得大帝

俄國農奴

處死路易十六

鄂圖曼帝國

清軍入關

亞洲

抗沙俄，平三藩

康雍乾盛世

蒙兀兒王朝

非洲

大洋洲

非洲

越來越多的歐洲人開始登陸非
洲，非洲昔日的輝煌已化為煙雲。

大洋洲

英國的旗幟插上了澳大利亞的土
地，這片原始大陸逐漸淪為英國犯罪
分子的流放地。

美洲

繼葡萄牙與西班牙之後，英法兩國也來到了美洲。美洲土著人遭遇著一次又一次的種族屠殺。

北美洲

美國「開國三傑」

亞洲

明朝滅亡後，中國進入清朝時期。在康熙、雍正、乾隆等皇帝的統治下，中國再次步入了短暫的盛世。然而，閉關鎖國政策讓中國錯過了工業革命浪潮。

啟蒙時期
（17世紀—18世紀）

「君權神授」的思想遭到了衝擊，長期臣服於王權的人們開始追求自由、平等；在新思想的引領下，一些新的強國開始登上世界舞臺；一系列發明創造昭示著新的「革命」即將開始。

南美洲

啓蒙時期・時間線

1600 年　英國東印度公司建立

1640 年　英國資產階級革命
爆發

| 1600年 | 1628年 | 1636年 | 1640年 |

1600 年　耶穌會教士利瑪竇
到北京

1628 年　明末農民起義爆發

1636 年　皇太極改國號爲「清」

1616 年　努爾哈赤建立後金

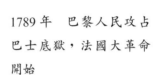

18 世紀　罪惡的奴隸貿易
達到最猖獗的地步
18 世紀 60 年代　英國工業
革命開始

18 世紀　啓蒙運動提出一整套哲學
理論、政治綱領和社會改革方案，要
求建立一個以「理性」爲基礎的社會
1775 年—1783 年　美國獨立戰爭

1776 年　北美大陸會議
通過《獨立宣言》，宣
布美國獨立

1789 年　巴黎人民攻占
巴士底獄，法國大革命
開始

1799 年　拿破崙發動
霧月政變

1771年　　**1775年**　　**1776年**　　**1789年**　　**1799年**

1771 年　土爾扈特部回歸中（清）國

啟蒙時期的人們

瓦特改良的蒸汽機和哈格里夫斯發明的珍妮紡紗機帶動了英國工業革命，工廠開始冒起了黑煙，工人們夜以繼日地勞作，英國率先走上現代化。工業和經濟的進步，促使人們的生活更加富足、思想更加進步。

此時的法國街頭，受到伏爾泰、孟德斯鳩、盧梭等人的啟蒙思想影響，人們開始高談闊論，討論對整個世界的新認知。隨著拿破崙的上臺，法國人開始把目光投向更遙遠的地方……

這一時期的非洲種族衝突頻繁、熱帶疾病頻發，尤其是西方殖民者的目光轉向了非洲，他們仗恃著船堅炮利，陸續將數千萬非洲黑人販運到美洲當奴隸，這些奴隸受到了不人道的虐待。

1700 年至 1721 年，俄國打敗瑞典，奪得波羅的海入海口。彼得大帝的風光並未使俄國農奴的生活獲得實際改善，反而使貧富差距更加嚴重。農奴的人格和自尊心被無情地摧殘，他們整天無償地為地主勞動，甚至被當作物品抵押債務。大量勞動力被束縛在莊園裡，而資本主義工業發展必需的勞動力卻嚴重不足。俄國也因此大大落後於西歐其他國家。

1688 年　英國「光榮革命」，
資産階級和新貴族的統治確立

1689 年　俄國彼得一世
開始改革

1644年　　　**1662年**　　　**1681年**　　　**1688年**　　　**1689年**

1644 年　李自成攻入北京，
明朝滅亡
1644 年　清軍入北京

1662 年　鄭成功收復臺灣
1673 年　三藩之亂開始

1681 年　平定三藩之亂
1684 年　清朝設置臺灣府

1689 年　中俄簽訂《尼布
楚條約》

・啓蒙先驅和科學家們・
時代「覺醒」了

對君權的質疑

在歐洲，「君權神授」的思想一直很流行。「君權神授」的意思是說，君主和貴族的權力是神賜予的，國王生來就是統治者，平民百姓生來就是被統治者，誰不服從，就是違背神的旨意。

但是，到了 17 世紀，人們開始思考：為什麼國王和貴族就一定比平民百姓更加高貴呢？他們的權力真的是神賜予的嗎？

歐洲的學者針對「君權神授」掀起了一股思想解放浪潮，後人稱它為「啓蒙運動」。

孟德斯鳩

伏爾泰

隨著「五月花號」的到來，眾多歐洲人移民到北美洲。他們中有貴族、平民、牧師，也有士兵。為了獲得更多的土地耕種，提高生活品質，他們屠殺土著，並購買了大量的黑人奴隸。

此時的南美洲，西班牙、葡萄牙在這裡進行著殘酷的殖民統治。他們奴役當地的印第安人和抓來的黑人奴隸，讓他們在炎熱潮濕的種植園沒日沒夜地勞作。

此時的中國正在經歷著封建王朝的最後一個盛世——康雍乾盛世。這一時期中國的商業貿易十分繁榮，各種商品行銷海內外，四方流通聯繫更加密切。但後期因為統治者的盲目自大，開始閉關鎖國，逐漸與世界脫軌。

印度蒙兀兒帝國的統治者奧朗則布在帝國極盛時期忽視了歐洲殖民者對自己造成的威脅，使他的子孫們在面對歐洲人時表現得軟弱無力。

「風能進，雨能進，國王不能進」

　　當時英國政治家老威廉・皮特說過一句話，大意是：「我的茅草屋，風能進，雨能進，國王不能進。」他這句話的意思是私人財產是神聖不可侵犯的，國王非常高貴，他擁有很大的權力，卻無權闖入別人家裡，哪怕這個屋子是個擋不住風、遮不了雨的小破屋。這一說法深刻闡釋了關於權力與尊嚴的意義。在這一思想的基礎上，法國思想家盧梭更進一步地延伸出了《社會契約論》，他認為國王和人民之間，其實就是一種「契約關係」。人民納稅，國王保護國家和人民，僅此而已，根本不存在什麼「君權神授」。

盧梭

狄德羅

三權分立

　　法國思想家孟德斯鳩提出了一個很特別的想法，他覺得，國王之所以可以胡作非為、禍害百姓，是因為他的權力太大了。孟德斯鳩認為應該把權力分成三份，交給三個部門去管理，讓它們互相合作又互相制約，才能夠真正地利國利民。

伽利略發明望遠鏡

牛頓與蘋果

兩個鐵球同時落地！

古希臘的亞里斯多德曾經說過，如果兩個鐵球一輕一重，從同樣的高度丟下去，重的會先落地。一直以來，人們對這種說法深信不疑。

1590 年，一個名為伽利略的年輕人來到比薩斜塔上，他舉起一輕一重兩個鐵球，想要當眾證明亞里斯多德的論斷是錯的。

伽利略這種「膽大妄為」的做法自然招來了嘲笑，但他沒有畏懼。他望著塔下的眾人，舉起兩個鐵球，同時丟了下去，結果很明顯——兩個鐵球同時落地。

伽利略的實驗告訴大家：一切結論，哪怕是非常簡單的一個結論，都必須建立在實驗證明的基礎上。一切看似正確的東西，不經過實驗證明，都有可能是錯誤的。

伽利略

富蘭克林與雷電

孟格菲兄弟與熱氣球

啟蒙時代的科技

從 17 世紀到 18 世紀，歐洲的科學技術取得了突破性的發展：

1609 年，伽利略發明了天文望遠鏡；

1674 年，荷蘭人列文虎克發明了顯微鏡；

1735 年，哈里森發明了第一台可攜式航海經線儀；

1752 年，富蘭克林發明了第一根避雷針；

1785 年，瓦特改良的蒸汽機投入使用，這標誌著人類進入了蒸汽時代。

· 法國的崛起 ·
「太陽王」的宏圖

充滿野心的國王

1661 年，23 歲的路易十四親政。這是一位年輕而霸氣的國王。他建造了富麗堂皇的凡爾賽宮，在宮殿裡面堆滿了奇珍異寶，又將國內的貴族們接進宮裡吃喝玩樂，使他們沉迷其中，不再與國王爭奪權力，而他自己卻勵精圖治。

最終，路易十四成為全歐洲最有權力的國王，他甚至自稱「朕即國家」。安撫了國內的貴族之後，路易十四又把目光投向國外，他想要讓自己統治的法國成為整個歐洲的霸主。

為了對抗路易十四，許多歐洲國家組建了一個「大同盟」，而路易十四卻毫不畏懼，以法國一國之力，對抗大半個歐洲。雙方各自動員了超過 50 萬的士兵，進行了激烈的廝殺，最終以平手告終。

路易十四統治時期的法國讓整個歐洲聞風喪膽，然而他的窮兵黷武也耗盡了法國的元氣。路易十四死後不久，法國的霸主地位也不復存在了。

法國商船

路易十四

紅衣主教黎希留

在路易十四登基之前,法國出現過一位政治家,他就是以紅衣主教身分兼任法國宰相的黎希留。

這位宰相雖然是宗教人士,但卻很有政治手段。執政期間,他削弱了法國地方貴族的權力,擴大了法國的領土面積,對外廣泛開闢殖民地,不斷積蓄國家實力。黎希留為路易十四時期的法國成就霸業打下了基礎。

黎希留

法蘭西的「天然疆界」

早在英法百年戰爭剛剛結束的時候,法國國內便有人提出應該將疆域拓展到萊茵河一帶。黎希留執政時為法國定下的三大國策之一就是將疆域拓展到萊茵河沿岸。到了路易十四建立霸權的時候,法國終於正式提出了「天然疆界」的概念。所謂「天然疆界」,就是由底里牛斯山脈、阿爾卑斯山脈與萊茵河共同組成法國的國境線,稱這是「大自然贈予法蘭西的國界」。

崛起的法國

· 英國君主立憲之路 ·
「保王」還是「議會」？

不受歡迎的詹姆士一世

1603 年，伊莉莎白女王病逝。女王終身未婚，死後無嗣。她的表外孫蘇格蘭國王詹姆士一世繼承了王位，成為蘇格蘭和英格蘭的共主。詹姆士一世和他的兒子查理一世推崇「君權神授」，不得民心，且在統治期間橫徵暴斂，增加了各種苛捐雜稅，導致大量工廠倒閉、工人失業，經濟遭到嚴重摧殘。

英國內戰

居住在英國北部的蘇格蘭人發起了一場大起義。為了平定起義，英國國王查理一世和蘇格蘭人進行了談判，談判結果是只要給錢，蘇格蘭人就解散軍隊回家。

可是，查理一世卻拿不出錢。走投無路的他，只好召開議會，希望貴族們能夠慷慨解囊。議會召開後，早就對查理一世非常不滿的貴族們紛紛指責國王胡作非為、違背制度。惱羞成怒的查理一世宣布議會領袖為「叛徒」，解散議會，並召集自己的支持者掀起內戰。最終，議會軍獲勝，1649 年，查理一世被處以死刑。

英國內戰

查理一世和王后

「護國公」

在英國內戰期間，議會軍中有一個名為克倫威爾的人，軍事才能非常出眾。他指揮的軍隊號稱「鐵騎軍」，紀律嚴明，屢戰屢勝，為英國議會立下了汗馬功勞。

然而，內戰結束之後，克倫威爾率軍衝入倫敦，發動政變，奪取政權，以「護國公」的身分開始統治國家。

克倫威爾獨斷專行的統治讓人民飽受痛苦。他去世後，查理一世之子查理二世回到英國，成為英國國王。

「護國公」克倫威爾

光榮革命與君主立憲

1685 年，英王查理二世去世。他沒有兒子，由其弟詹姆士二世繼承王位。英國早在 100 多年前就確立以聖公會為國教，而詹姆士二世卻是天主教徒，英國貴族反對其繼承王位。

為此，英國的貴族策劃了一場政變，驅逐了詹姆士二世，並邀請其女兒瑪麗與女婿威廉入主英國。這場政變沒有發生任何流血事件，所以被稱為「光榮革命」。

威廉與瑪麗來到英國後，1689 年，議會通過了《權利法案》，對國王的權力進行了極大的限制，將大部分權力轉移給議會。這一制度被稱為「君主立憲制」，後來，被許多國家效仿。

查理一世的斷頭臺

出發吧！「五月花號」

在英國，有一批名為「清教徒」的人，他們信奉喀爾文派，而大部分英國人都信奉聖公會。因此，清教徒在英國受排擠，日子很不好過。當時，英國正好在自己的北美洲殖民地招兵買馬。得知這個消息，一幫清教徒決定攜家帶眷前往北美洲居住。

當時的北美洲還是一片蠻荒之地，沒有城市，沒有軍隊，沒有官員。所以，在這艘名為「五月花號」的船上，他們聚在一起討論並規劃到達北美洲後如何生活。最終，他們將商量的結果簽署了一份公約，即《「五月花號」公約》，決定共同打造一個讓所有人都滿意的社會。

此時，船上的成員還不知道，他們這種聚在一起開會探討如何管理自己的行為，對未來美國的各方面都產生了深遠的影響。

感恩節的由來

「五月花號」抵達北美洲之後，清教徒們搭建了一個簡單的營地。但是，他們帶來的食物和物品太少了，上岸後的第一個冬季，一多半的成員因為寒冷和饑餓而死去。就在剩下的 50 人以為自己也在劫難逃時，附近的印第安人給他們送來了食物，還教會他們如何狩獵、捕魚，以及如何種植玉米和南瓜。

正在登船的人們

簽訂《「五月花號」公約》

　　在登陸前即 1620 年 11 月 21 日，人們在船艙內制定了一個共同遵守的《「五月花號」公約》，有 41 名自由的成年男子在上面簽字。公約內容為：組織公民團體；擬定公正的法律、法令、規章和條例。此公約奠定了新英格蘭諸州自治政府的基礎。

　　在印第安人的幫助下，這批「移民」活了下來，並最終過上了安定的生活。於是，他們將每年 11 月的第四個星期四定為感恩節，感謝上帝將他們從饑寒交迫中解救出來。

早期殖民者與印第安人交易

·彼得一世與他的帝國·
來自俄國的學徒

俄國有位名為彼得的人，長得人高馬大，十分勤奮。他在荷蘭的港口鑿木頭、造軍艦、學駕船，最後因為手藝出色被評為「優秀工匠」。

不久，彼得離開荷蘭，前往瑞典、普魯士、英國、奧地利等國家學習。他對見到的一切都充滿好奇，四處參觀博物館與文化廳。據說，彼得還和英國科學家牛頓有過密切的交流。

正當彼得準備前往威尼斯學習時，他接到了一封信。內容是：莫斯科的射擊軍叛變，請陛下迅速歸國。直到這時，彼得才不得不亮明身分，原來他是俄國沙皇——彼得一世！

俄國士兵

彼得一世

西化改革

位於歐洲東部的俄國，在很長一段時間裡都是一個貧窮、落後的國家，被歐洲其他國家瞧不起。彼得一世登基後決心改變這種現狀，於是隱瞞自己的身分，親自出國「留學」，對歐洲其他國家進行考察。回國之後，彼得一世要求全國上下學習當時西歐國家的先進文化、制度，他甚至操起手中的剪刀剪掉了大臣們的鬍子。彼得一世還親自組建了炮兵學院、工程學院與海洋學院。他的做法使俄國的面貌煥然一新，最終讓俄國進入了歐洲強國的行列。

營建聖彼得堡

　　為了奪取波羅的海出海口，面對稱霸波羅的海的北歐強國——瑞典，彼得一世發動了「北方戰爭」。在此期間，為了更好地防禦瑞典軍隊的進攻，彼得一世在涅瓦河三角洲的兔子島上修建了彼得保羅要塞，駐重兵把守，後來擴建為城——聖彼得堡。

　　1712 年，俄國從莫斯科遷都至聖彼得堡，直到 1914 年才又遷回莫斯科。如今，繁榮的聖彼得堡依舊是俄羅斯的第二大城市。

新建成的聖波得堡

•命運起伏的近代印度•
「猛虎」巴卑爾

巴卑爾是中亞地區突厥化蒙古人的領袖，綽號「猛虎」。1525 年，印度的德里蘇丹國發生內亂，巴卑爾趁機進入印度，指揮一萬名士兵擊敗了德里蘇丹國的十萬大軍。不久後，巴卑爾率軍占領了印度北部地區的大片土地。

巴卑爾擁有蒙古血統，他接受過波斯的教育，「蒙古」在波斯語中的音譯為「蒙兀兒」，因此，巴卑爾開創的國家被稱為「蒙兀兒帝國」。

阿克巴大帝

目不識丁的大帝

蒙兀兒帝國的第三位君主阿克巴是一位目不識丁的文盲。他從小喜歡騎馬射箭，熱愛練武，卻不愛看書。成為國王之後，他最大的樂趣就是帶著士兵一起打獵，尤其喜歡獵殺老虎一類的猛獸。沒有文化，卻沒有妨礙他成為印度歷史上最優秀的君主之一。

阿克巴 13 歲繼位，17 歲解除宰相的權力，親掌大權。在國內很多地方爆發叛亂之時，年輕的阿克巴在大臣們的輔佐下率軍東征西討，使國家渡過了難關。之後幾十年，他將蒙兀兒帝國的版圖擴大了好幾倍，並且宣布推行宗教一律平等的政策，得到各教派的擁戴。

德里
阿格拉

印度洋　印度洋

印度象兵

印度蒙兀兒帝國

印度將領

泰姬瑪哈陵

蒙兀兒帝國第五代君主沙‧賈汗有一位愛妃，名為泰姬‧瑪哈。這位妃子年紀輕輕便病逝了。沙‧賈汗因為思念她，決定為她建造一座舉世無雙的陵墓。

沙‧賈汗集中了全國的財富，聘請了來自印度、波斯、土耳其、巴格達等地的許多工匠，採用中國的寶石、巴格達的瑪瑙和阿拉伯的珊瑚做裝飾，耗時 20 多年建成了泰姬瑪哈陵。

這座陵墓被譽為「印度的明珠」，被評為世界新七大奇蹟之一。

沙‧賈汗與泰姬‧瑪哈

殖民者的到來

當時，因為歐洲與亞洲相隔很遠，所以印度的特產在歐洲售價很高。15 世紀末，葡萄牙人開闢了通往印度的貿易航線，從而獲得大量財富，這使得歐洲其他國家都眼紅起來。

17 世紀初，英國人來到印度，並逐漸將印度變成自己的殖民地。

蒙兀兒時期的人們

歐洲

工業革命的浪潮為歐洲
的發展提供了強大的動力；
法國大革命的吶喊震驚了整
個世界；威武的拿破崙開始
了征服歐洲的旅程；分裂了
上千年的德意志終於迎來了
統一。

蒸汽機

珍妮機

歐洲

太平天國之亂

慈禧太后

亞洲

虎門銷煙

英國殖民印度

英國殖民非洲

非洲

大洋洲

英國殖民澳大利亞

非洲

在殖民者的槍炮面前，非洲人民戴上
了沉重的枷鎖，開啓了漫長的掙扎與反抗
之路。

大洋洲

英國殖民者將澳大利亞變成了他
們的一個巨大的牧場，並將這裡作為
專門流放罪犯的地方。

北美洲

美國獨立戰爭

開發西部

美洲

《獨立宣言》的背後，是一個嶄新的民族對自由和民主的嚮往，此時的美國奠定了成為世界強國的基礎。

亞洲

沉浸在舊日輝煌中的清王朝被鴉片戰爭打開了國門，衰落中的印度淪為英國的殖民地。在歐洲列強的侵略下，曾經龐大的帝國瞬間瓦解。然而，日本卻踏上了自強之路。

南美洲

玻利瓦爾解放南美洲

工業革命時期

（18 世紀 60 年代—20 世紀初）

工廠冒著濃煙，火車呼嘯著疾馳，輪船在海面上不停地航行，汽車在公路上奔跑……這是一個充滿變革的時代，強大的工業機器取代了傳統的手工操作，空前的巨大生產力將人類社會發展的速度推向了高峰。

工業革命時期・時間線

世界發生了什麼

1804 年　拿破崙稱帝，
法蘭西第一帝國開始

1810 年—1826 年　拉丁美洲反
對西班牙殖民統治的獨立戰爭
1815 年　維也納體系確立

1830 年　法國七月革命
1831 年　法拉第發現了
電磁感應現象

1836 年—1848 年　英國憲
章運動
1844 年　德意志西里西亞
織工起義

1848 年　《共產黨宣言》
發表

1804年　**1810年**　**1830年**　**1836年**　**1840年**

中國發生了什麼

1813 年　天理教之亂爆發

1839 年　林則徐虎門
銷煙

1840 年—1842 年　第一次
鴉片戰爭
1842 年　中英《南京條約》
簽訂

1853 年—1856 年　克里米
亞戰爭
1857 年—1859 年　印度民
族大起義
19 世紀中期　達爾文提出
生物進化論學説

1861 年　俄國農奴制改革
1861 年—1865 年　美國內戰
1864 年　第一國際成立

1868 年　日本明治維新開始
1870 年—1871 年　普法戰爭
1871 年　德意志統一

1882 年　德義奧三國同盟形成

19 世紀 60 年代及 70 年代
第二次工業革命開始
1883 年　馬克思去世
1883 年　戴姆勒發明汽油內燃機
1889 年　第二國際建立

1851年　　**1861年**　　**1868年**　　**1882年**　　**1883年**

1851 年　洪秀全起兵
1856 年—1860 年　第二次鴉
片戰爭
1858 年　《璦琿條約》、《天
津條約》簽訂

1860 年　《北京條約》簽訂
19 世紀 60 年代—90 年代
自強運動
1864 年　天京陷落，平定太
平天國之亂

1883 年—1885 年　中法戰爭爆發
1894 年—1895 年　中日甲午戰爭
1895 年　中日簽訂《馬關條約》
1898 年　戊戌變法

·開啟工業革命時代·
機器開始轟鳴了

珍妮機

1768 年，英國的哈格里夫斯一家人正在享用晚餐。突然，家裡的大門被人撞開，怒氣衝衝的一群人衝進屋內，將家裡的一切全部搗毀，最後把他們一家人趕出了家門，並一把火燒掉了他們的房子。

這些人為什麼要這麼做呢？原來，男主人詹姆斯‧哈格里夫斯幾年前發明了一台效率非常高的紡紗機，並用他女兒珍妮的名字命名，稱作「珍妮機」。珍妮機的效率是一般紡紗機的 8 倍，因為紡的紗多了，本地棉紗的價格就有所下跌，很多家庭的收入也減少了，於是，就惹怒了很多人。

可是，暴力破壞並不能阻擋科技的進步。哈格里夫斯夫婦成功地申請到專利。隨後，珍妮機被改進並大量生產，效率也進一步提高。

冒著濃煙的工廠

早期火車

蒸汽馬車

工業革命改變生活

蒸汽時代的來臨

　　瓦特改良了蒸汽機，並將其應用到化工、冶金、採礦等許多行業。到了 19 世紀 30 年代，蒸汽機成為主要的動力來源，它促進了各行各業的快速發展。

　　蒸汽機出現後，人們又接連發明了「蒸汽汽車」、「蒸汽火車」、「蒸汽輪船」等，使用馬車運輸的時代一去不復返了。

你知道嗎？

有哪些東西是工業革命時期誕生的？

1768 年，英國人理查·阿克萊特發明了第一台水力紡紗機；
1776 年，美國人布希內爾發明了第一艘潛水艇；
1807 年，英國人漢弗里·戴維發明了第一台礦工燈；
1816 年，法國人雷奈克發明了第一台聽診器；
1839 年，法國人路易·達蓋爾發明了第一台照相機。
　　從 18 世紀 60 年代到 19 世紀 40 年代，是第一次工業革命時期，許多發明相繼問世，人類的生活發生了翻天覆地的變化。

早期輪船

碼頭貨物

帽子被吹飛了的童工

高效率的珍妮機

·文化與思想·
百花齊放的思想與文化

文藝璀璨的星河

17 世紀到 19 世紀，優秀文化藝術作品層出不窮。德國作曲家巴哈的《馬太受難曲》和《耶誕節清唱劇》，亨德爾的《彌賽亞》，歌德的《浮士德》，比徹 · 斯托夫人的《湯姆叔叔的小屋》，馬克 · 吐溫的《湯姆歷險記》，列夫 · 托爾斯泰的《戰爭與和平》等，都創作於這一時期。

這一時期，無數優秀的作品共同構築了人類文明的燈塔，照耀著歷史的長河。

「進化論」的由來

1831 年，一艘名為「貝格爾」號的船從英國出發，向西駛去。它的任務是前往太平洋南部，探察這些地區島嶼的情況。當時，船上有一位隨行的博物學家——達爾文。他每抵達一座島嶼，都會迫不及待地跑上去觀察島嶼上的動物，一待就是半天。

他發現每種動物身上的特徵，都和它們生活的環境有著驚人的「巧合」。比如，嘴巴長的鳥類，就生活在捉魚方便的地方，而嘴巴短的鳥類則生活在容易啄到蟲子的地方。

這次旅行結束後，達爾文潛心研究這些問題。20 多年後，他出版了著作《物種起源》。在書中，他提出了「進化論」的觀點，告訴世人猿猴是人類的祖先。這種說法在當時顛覆了教會主導的「上帝造人」的觀點！

巴哈

貝多芬

莫札特

泰戈爾

天才作曲家

1770 年的一天，在奧地利的博洛尼亞音樂學院裡，一場十分特殊的考試正在進行，考官有很多位，而考生卻只有一位，而且還是一名稚氣未脫的少年。

教授們將考試題目寫在一張紙條上，要求他按照紙上的要求，在 2 個小時內創作出一支鋼琴曲。不料，不出半小時他便創作完畢，優雅的旋律隨之響起。

少年美妙絕倫的演奏震撼了在場的所有人。於是，他們不得不打破「年齡不足 20 歲者不可領取榮譽學位」的規定，將學位證書頒發給了這位天才作曲家——年僅 14 歲的莫札特。

莫札特是歐洲歷史上最有名的音樂神童。他 3 歲能聽懂音樂，4 歲會彈琴，5 歲能作曲，6 歲時便已前往王宮為奧地利女王演奏，12 歲就寫出了自己的第一部歌劇。他一生作曲 600 多首，在創作了最後一部作品《安魂曲》的第二天便與世長辭了。

馬克思與《資本論》

卡爾 · 馬克思原本出生在一個比較富裕的家庭，獲得了柏林大學的哲學博士學位。當時在歐洲「自由」、「人權」等已成為十分流行的詞彙，可馬克思所在的普魯士王國卻對新思想不理不睬。他多次在《萊茵報》上發表文章，抨擊普魯士政府，因此遭到驅逐，被迫流亡到法國巴黎。

1849 年，馬克思移居英國倫敦。儘管馬克思窮困潦倒，卻依然堅持創作。在摯友恩格斯的堅定支持下，馬克思用了 30 年的時間將自己的智慧源源不斷地傾注到《資本論》中。這部宏偉巨著對整個人類社會產生了巨大影響。

恩格斯

馬克思

歌德

馬克 · 吐溫

達爾文

• 工業革命改變城市生活 •

工業與城市

這是一個工業時代

在珍妮機出現後的 100 多年裡，莊園變成冒著黑煙的工廠，照相機、自行車、公車等許多新奇事物闖進了人們的生活。幾乎每一天，人們的生活都發生著變化。

電燈

馬匹依然
受歡迎

搬運工

早期的汽車

第二次工業革命

　　1831 年，英國科學家發現了電磁感應現象。過了幾十年，一位名為西門子的德國人根據這個定律發明了世界上第一台發電機。

　　有了發電機之後，電這種神祕的東西開始變成人們手中的一大法寶。在隨後的幾十年裡，電燈、電話、電影、電報這些東西相繼被發明出來。人們猛然意識到，一場比第一次工業革命更加劇烈的革命──第二次工業革命蓬勃興起了！

有軌電車

倫敦地鐵站

出行的貴族

紳士

早期的自行車

55

• 英國的全球殖民擴張 •
「日不落帝國」

18世紀下半葉至19世紀上半葉，英國成為世界第一個工業化國家。

憑藉著「工業革命」帶來的超強力量，英國在戰爭中幾乎戰無不勝！英國占領了整個印度，並在非洲、北美洲和大洋洲大面積殖民，對中國發動了鴉片戰爭，逼迫清政府租讓香港。

因為英國的殖民地眾多，無論何時，陽光能照射到的地方都有英國的權力之地，所以，這一時期的英國獲得了一個響徹世界的稱號——「日不落帝國」。

鴉片戰爭

清政府統治下的中國地大物博，當時英國人在殖民地印度種植鴉片，然後賣到中國。鴉片是一種毒品，吸食過的人會對它產生依賴，並且會對身體產生很大的危害。那時侯很多中國人因吸食鴉片而傾家蕩產，英國毒販從中大賺黑心錢。

清政府發現了鴉片的危害後，便派大臣林則徐前往廣東「虎門銷煙」，嚴禁英國商人販賣鴉片到中國。英國人見賺不到錢了，勃然大怒，立即對清政府宣戰。戰敗的清政府被迫簽訂了中國近代歷史上第一個不平等條約——《南京條約》。

英國商船在廣州碼頭

大

直布

甘比亞

獅子山

黃金海岸

阿森松島

聖赫勒拿島

洋

強盛與衰落

「北美和俄國的平原是我們的玉米地，加拿大和波羅的海是我們的林區，澳大利亞是我們的牧場，秘魯是我們的銀礦廠，南非和澳大利亞是我們的金礦廠，印度和中國是我們的茶葉種植園，東印度群島是我們的甘蔗、咖啡、香料種植園，美國南部是我們的棉花種植園。」英國經濟學家傑文斯在 1865 年曾這樣自豪地描述「日不落帝國」的版圖。

到了 20 世紀中期，隨著全球民族主義運動的興起和英國國力衰退，英屬殖民地紛紛獨立，「日不落帝國」一步步土崩瓦解。

「日不落帝國」

北冰洋

加拿大
（1867 年英自治領）

北美洲

亞洲

塞浦勒斯
阿富汗
巴林島
亞丁
印度
緬甸
錫蘭
馬爾地夫群島
塞席爾群島
棋里西斯島
馬來亞
新加坡

香港
（英占）

百慕達群島
巴哈馬群島

英屬宏都拉斯
牙買加
巴貝多島
千里達島
圭亞那

斯塔巴克島

斐濟群島

皮特肯島

大西洋

南美洲

太平洋

印度洋

大洋洲

澳大利亞

紐西蘭

南極洲

→ 英國擴張方向
■ 19 世紀中後期的英國
■ 19 世紀中後期的英國殖民地

·美國的反抗與獨立·
將茶葉倒進大海

萊星頓戰役

波士頓茶葉事件

1773 年 12 月 16 日，北美波士頓港口，一群波士頓市民登上東印度公司的商船，將船上 300 多箱茶葉全部倒進海裡。這一事件被稱為「波士頓茶葉事件」。

這些人為什麼要這樣做呢？

原來，當時的英國到處打仗，國庫裡的錢就快用完了。政府的對策就是對許多像美洲這樣的殖民地區增加稅收。此舉引發了殖民地人民的不滿，再加上那時東印度公司的茶葉進入北美免進口關稅，因而價格低廉，這讓美洲本土的茶葉商人瀕臨破產。

「波士頓茶葉事件」後，英國政府要求立刻封鎖波士頓港口，懲罰倒茶葉的罪犯，讓其賠償損失。北美地區的 13 個殖民地拒絕執行英國政府的命令，派代表前往費城召開大會。他們決心團結起來，共同與英國政府抗爭。

美國獨立戰爭

美國獨立戰爭

1775 年 4 月的一天，800 名英國士兵悄悄地來到北美洲的萊星頓鎮。正當他們準備進入小鎮去逮捕反英分子時，突然聽到一陣槍響。原來，民兵們早就得到了消息，在這裡埋伏著。

這場戰鬥，打響了美國獨立戰爭的第一槍。但是，由於力量懸殊，英國士兵最終還是衝進了小鎮，小鎮裡的民兵被迫轉移。

戰爭初期，由於反英軍隊大多由民兵組成，而英國軍隊大都久經沙場，所以，反英軍隊敗多勝少。然而，「日不落」的英國早已讓許多國家心生嫉妒，於是他們紛紛對反英軍隊施以援手。

1776 年 7 月 4 日，大陸會議通過了《獨立宣言》，宣告北美 13 個殖民地脫離英國而獨立。

1777 年，美法兩國軍隊聯手，在約克鎮包圍了英軍主力，迫使 6000 多名英軍投降。1783 年，大勢已去的英國不得不接受美國獨立的現實。

製作第一面美國國旗

戰爭中的英國戰艦

《獨立宣言》

《獨立宣言》被稱為「第一個人權宣言」，它強調「人人生而平等」、「權力源於被統治者同意」的觀點，同時表達了要建立一個新國家的想法。至今，這份「宣言」傳遞的精神仍影響著美國。

占領他們的土地

無家可歸的印第安人

北美洲的土地上，原本有許多印第安人安居樂業。歐洲人來到美洲之後，為了建造城市、耕種土地，到處驅趕當地的印第安人。許多不願離開家鄉的印第安人遭到歐洲殖民者無情的殺害。

在英國殖民北美洲時，殖民者甚至制定法令，獵殺一個印第安人，會獲得一定的現金獎勵。這種殘酷法令的制定使許多印第安人慘死在歐洲人的手上。

印第安人的武器

俄勒岡
1846 年併入

加利福尼亞
1848 年奪取

新墨西哥
1848 年奪取

路易斯安那
1803 年購買

1818 年取得

德克薩斯
1845 年吞併

1853 年購買

西

原法國殖民地
原美英爭執領土
原英國殖民地
原墨西哥領土　　原西班牙殖民地　　美國歷

美國領土擴張

屠殺印第安人

60

俄國

阿拉斯加
1867年從
俄國購買

加拿大

獨立十三

⊙華盛頓

夏威夷

1898年合併

土範圍

西進運動

美國獨立後，在領土擴張的過程中，大批移民從東部湧向西部地區，這就是「西進運動」。

移民們不畏艱險，闖入西部茫茫林海和荒原，砍伐山林，開墾荒地，修建房屋，用勤勞的雙手開發出生機勃勃的土地，營建自己的家園。但是在西進運動中，大批土著居民印第安人被屠殺或者被驅趕到更偏遠的地區。

印第安頭飾

・黑奴與南方種植園・

無情的蓄奴活動

由於西班牙殖民者對印第安人的殘酷壓榨和殺戮，以及致命的傳染病，殖民地內的印第安人幾乎滅絕，致使美洲勞動力極度缺乏。為此，西班牙人從非洲販運大批黑人到美洲做奴隸。

於是，一條嶄新的貿易路線被開闢出來：歐洲的船隻載著一些廉價的商品，前往非洲海岸，在當地購買或者直接抓捕一些黑人充當奴隸，再把他們運到西印度群島和美洲殖民地，用奴隸與殖民者交換一些黃金、白銀與煙草，最後再將這些東西運回歐洲。

這種貿易形式在歷史上被稱為「三角貿易」，無數航海者藉由這條貿易路線實現了暴富。

南方種植園

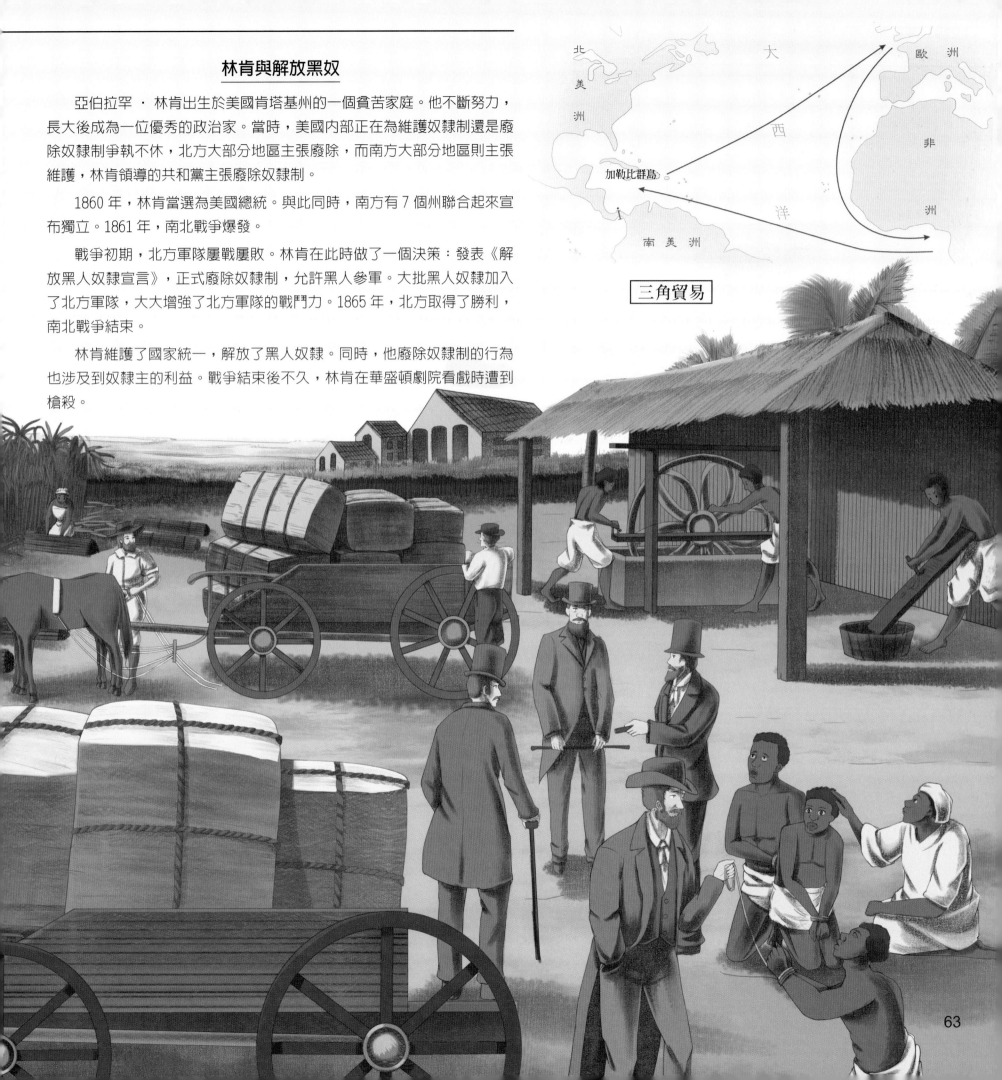

林肯與解放黑奴

亞伯拉罕・林肯出生於美國肯塔基州的一個貧苦家庭。他不斷努力，長大後成為一位優秀的政治家。當時，美國內部正在為維護奴隸制還是廢除奴隸制爭執不休，北方大部分地區主張廢除，而南方大部分地區則主張維護，林肯領導的共和黨主張廢除奴隸制。

1860 年，林肯當選為美國總統。與此同時，南方有 7 個州聯合起來宣布獨立。1861 年，南北戰爭爆發。

戰爭初期，北方軍隊屢戰屢敗。林肯在此時做了一個決策：發表《解放黑人奴隸宣言》，正式廢除奴隸制，允許黑人參軍。大批黑人奴隸加入了北方軍隊，大大增強了北方軍隊的戰鬥力。1865 年，北方取得了勝利，南北戰爭結束。

林肯維護了國家統一，解放了黑人奴隸。同時，他廢除奴隸制的行為也涉及到奴隸主的利益。戰爭結束後不久，林肯在華盛頓劇院看戲時遭到槍殺。

三角貿易

• 當封建王朝遇到革命 •
攻占巴士底獄

法國大革命

18 世紀後期，法國的封建專制統治非常腐朽，各種社會矛盾空前激化，法國政府無力解決。

而此時，路易十六召開議會，還想增加稅收。此舉激怒了巴黎市民。1789 年 7 月 14 日，憤怒的巴黎市民高喊著「革命」的口號，攻占了象徵專制王權的巴士底獄，震驚歐洲的法國大革命自此揭開序幕。

《人權宣言》

　　攻占巴士底獄後不久，1789 年 8 月，制憲議會通過法國革命者
頒布了《人權宣言》，宣告了人權、法治、自由、分權、平等和保護
私有財產等基本原則。

·拿破崙帝國·
一位想當皇帝的軍事天才

法國大革命後，歐洲的許多國家趁機對法國新政府宣戰。驍勇善戰的拿破崙在戰鬥中不斷晉升，26 歲時已經成為當時法國最優秀的將軍。

民眾希望讓戰場上威名赫赫的拿破崙主持大局。於是，拿破崙在 1799 年 11 月從前線返回首都巴黎，成功發動了政變，並成為共和國的執政官。

拿破崙對內鎮壓反對勢力，對外向多國發動 50 多次大型戰役。各國聯合起來組成「反法同盟」，一起進攻法國，卻被拿破崙多次擊敗。憑藉著戰場上的不斷勝利，拿破崙幾乎成了整個歐洲的主宰者。

1804 年，經公民投票，法國改為帝國，史稱「法蘭西第一帝國」，拿破崙加冕稱帝。1812 年，拿破崙率領 50 萬大軍遠征俄國，差一點全軍覆沒。「反法同盟」借此機會捲土重來，於 1814 年擊敗拿破崙，迫使他宣布退位。

拿破崙

拿破崙到埃及

百日王朝

拿破崙戰敗後被流放到了地中海的厄爾巴島。沒多久，拿破崙得知「反法同盟」因為分贓不均而陷入內鬥，他認為時機到了。

1815 年 2 月 26 日，拿破崙逃離厄爾巴島，奔向巴黎。一路上法國軍隊見拿破崙歸來，紛紛歡呼「皇帝萬歲」，拿破崙再次成為法國的皇帝。

而「反法同盟」得知拿破崙回來後，再次齊心協力對抗法國。拿破崙率軍與英國軍隊在一個名為滑鐵盧的小鎮交戰，最終慘敗，被迫再次退位。拿破崙的這次復辟僅持續了 100 多天，因此得名「百日王朝」。

1815 年 10 月，拿破崙被流放到大西洋的聖赫勒拿島，從此沒能東山再起。

·「鐵血宰相」俾斯麥·
德國需要的是鐵與血

在很長一段時間裡，德意志地區的國家征戰不休。戰勝拿破崙後，普魯士王國成為德意志地區最強大的國家之一。

1862 年，俾斯麥當上了普魯士王國的宰相，他聲稱不惜以鐵與血的代價來取得德國的統一，鐵指武器，血指戰爭。在他的領導下，普魯士軍隊屢戰屢勝，先後擊敗了丹麥、奧地利與法國的軍隊，掃清了阻礙德國統一的障礙。

1871 年，在法國的凡爾賽宮，普魯士國王威廉一世被正式加冕為德意志帝國的皇帝。自此，分裂了上千年的德國終於統一了。

普法戰爭

什列斯威
荷斯坦
梅克倫堡
漢 諾 威
魯
普
薩克森
巴
伐
利
亞
符騰堡

德國各邦國

普魯士領土
其他德國北部邦國
德國南部邦國
1867 年，北德意志邦聯的邊境線
1871 年，德意志帝國的邊境線

普法戰爭

　　1848 年，拿破崙的侄子憑藉著拿破崙的聲望當上了皇帝，自稱為「拿破崙三世」。在他統治期間，一度衰落的法國再度強大起來。於是，拿破崙三世開始驕傲自滿，以為自己足夠強大，能夠恢復叔叔的偉業了。

　　可就在這時，普魯士國王給拿破崙三世寄來了一封充滿侮辱的信件。氣急敗壞的拿破崙三世不顧兵力懸殊，於 1870 年 7 月對普魯士宣戰。武器先進的普魯士軍隊在戰鬥中大展神威，輕而易舉地擊敗了法國軍隊的主力，並將拿破崙三世包圍。

　　法國軍隊幾次奮力突圍都宣告失敗，無奈之下，拿破崙三世只好向普魯士軍隊投降，成了俘虜。

學習與反抗

日本明治維新

1853 年，幾艘美國軍艦闖進了日本港口。1854 年，美國武力強迫日本軟弱的幕府將軍與其簽訂不平等條約，日本被迫結束了閉關鎖國的狀態。這在日本歷史上被稱為「黑船事件」。因當時闖入日本港口的幾艘美國軍艦是黑色的。

1854 年，《日美親善條約》的簽訂為美國在通商和關稅方面都帶來了好處。於是，英國、俄國、荷蘭等國家的軍艦也紛紛奔向日本，要求簽訂不平等條約，軟弱的幕府將軍「照單全收」。

1868 年，日本爆發了倒幕戰爭，各地領主團結起來向德川幕府宣戰。最終，德川幕府戰敗，權力重新回到天皇手上。

明治天皇重掌大權後，進行了一系列改革，包括興辦教育、革新軍隊、改良司法、建設工業等，史稱「明治維新」。自此，日本走上了「富國強兵」之路，躋身世界強國之列。

日本的倒幕運動與明治維新

中國　俄國　蝦夷（北海道）

朝鮮

函館

日本海

新潟

州 （1868 年改名東京，1869 年後首都）

京都　江戶

橫濱　神奈川

浦賀 （1869 年前首都）

鳥羽

本　兵庫　伏見

神戶　大阪　下田

1854 年

1853 年

下關　長州

四國

土佐

肥前　九州　薩摩

長崎

- 被迫開放的港口
- 主持倒幕運動四強藩的根據地
- 俄國侵日戰線
- 美國培里艦隊侵日路線
- 明治維新後設的府

南美的「解放者」玻利瓦爾

自從哥倫布發現美洲之後，葡萄牙與西班牙的殖民者就瘋狂地湧向美洲，將絕大部分拉丁美洲變成了他們的殖民地。

19 世紀初期，一位名為西蒙・玻利瓦爾的拉丁美洲土生白人前往歐洲求學。在歐洲，他接觸到許多關於「自由」、「獨立」、「人權」的思想。因此，他對葡萄牙和西班牙在自己家鄉的殖民統治十分痛恨。

1811 年，玻利瓦爾回到南美，組建軍隊，發動解放戰爭。

當時，南美洲南部還有一位名為聖馬丁的人，他率領軍隊解放了阿根廷與智利。後來，玻利瓦爾與聖馬丁的隊伍會合。在兩支隊伍的齊心協力下，解放了除巴西以外的整個南美洲。玻利瓦爾和聖馬丁被譽為南美的「解放者」。

玻利瓦爾

歐洲

飛機轟炸、坦克橫行、機關槍四處掃射……兩次世界大戰使歐洲變成了人間地獄。在俄國，列寧為世界帶來了社會主義新制度。

歐洲

蘇聯成立

謝爾曼坦克

德國入侵北非

中東發現石油

亞洲

抗日戰爭

太平洋戰爭

非洲

非洲

兩次世界大戰期間，非洲仍然是歐洲列強的戰場之一。第二次世界大戰結束後，多災多難的非洲人民終於走向了獨立自強之路。

大洋洲

大洋洲

作為英國的殖民地，澳大利亞、紐西蘭等地的人民跟隨英國參加了兩次世界大戰。戰爭結束後，他們走上了屬於自己的發展道路。

亞洲

強大起來的日本野心勃勃，大舉侵略其他國家，給亞洲許多國家帶來了深重的災難。

北美洲

加拿大軍隊

馬丁・路德・金恩的演講

美洲

第二次世界大戰結束後，美國成為世界強國，但是，對於美洲其他國家來說，「富強」仍然是一個目標。

南美洲

二十世紀
（20 世紀）

機槍殘害著生命，坦克登上了戰場，列強大打出手，戰爭變得無比殘酷，這是一個混亂而又充滿希望的年代，人類文明從未遭受過如此大的摧殘。戰爭結束後，舊的廢墟下，新的世界逐漸出現在我們面前。

二十世紀・時間線

20 世紀初　愛因斯坦提出「相對論」

1903 年　萊特兄弟研製出飛機

1910 年　日本正式吞併朝鮮半島

1914 年—1918 年　第一次世界大戰

1917 年　俄國十月革命

1919 年　巴黎和會

1922 年　蘇聯成立

1929 年　經濟大恐慌

1933 年　羅斯福就任美國總統，實行新政

1933 年　希特勒在德國建立納粹黨政權

1900年　　**1910年**　　**1911年**　　**1919年**　　**1931年**

1900 年　義和團運動達到高潮，八國聯軍侵略中國

1901 年　《辛丑條約》簽訂

1905 年　中國同盟會成立

1911 年　辛亥革命

1912 年　中華民國成立

1919 年　五四運動爆發

1921 年　中國共產黨成立

1927 年　南昌起義

1931 年　九一八事變日本入侵中國

1948 年　以色列建立，第一次中東戰爭爆發

1947 年　美國開始實施馬歇爾計畫

1949 年　北大西洋公約組織成立

1952 年　埃及爆發革命

1959 年　古巴革命取得勝利

1960 年　非洲有 17 個國家獨立，這一年被稱為「非洲獨立年」

1948年　　**1949年**　　**1951年**　　**1959年**　　**1960年**

1948 年　遼瀋戰役開始

1949 年　中華人民共和國成立

1951 年　解放軍進入西藏

1952 年　土地改革基本完成

1954 年　《中華人民共和國憲法》誕生

1964 年　中華人民共和國第一顆原子彈爆炸成功

20 世紀 40 年代及 50 年代
現代科技飛速發展

1935 年—1936 年　阿比西
尼亞（衣索比亞）抗擊義
大利侵略的民族解放運動

1939 年　第二次世界大戰
全面爆發

1941 年　蘇德戰爭
爆發

1945 年　德國簽訂無條件投降書

1941 年　太平洋戰
爭爆發

1945 年　日本簽訂無條件投降書

1945 年　第二次世界大戰結束

1945 年　聯合國成立

1934年　　**1935年**　　**1936年**　　**1939年**　　**1941年**　　**1945年**

1934 年
紅軍長征開始

1935 年
遵義會議召開

1936 年　紅軍三大主力勝
利會師

1940 年　百團大戰

1945 年　重慶談判

1946 年　全面內戰爆發

1936 年　西安事變

1937 年　盧溝橋事變，中
國全民族抗日戰爭開始

1991 年　蘇聯解體

1993 年　歐洲聯盟建立

1967 年　歐洲共
]體成立

1972 年　美國總統尼克森訪
華，中美發表《上海公報》

1979 年　埃及與以色列簽
署和平條約

1995 年　世界貿易組織
成立

1999 年　歐元誕生

1979 年　柴契爾夫人成為
英國第一位女首相

1997 年　亞洲金融風暴
開始

1999 年　北約紀念成
立 50 周年，確立聯盟
新戰略

1967年　　**1971年**　　**1978年**　　**1979年**　　**1997年**　　**1999年**

967 年　中華人民共
和國第一顆氫彈爆炸
成功

1971 年　中華人民共
和國取得聯合國「中
國」代表權

1978 年　中共十一屆三中
全會召開

1979 年　中華人民共和
國與美國建交

1997 年　香港回歸

1999 年　澳門回歸

1997 年　銀河—Ⅲ巨型
電腦研製成功

1978 年　改革開放開始

第一次世界大戰

塞拉耶佛的槍聲

1914 年 6 月 28 日，奧匈帝國皇儲斐迪南大公帶著王妃來到塞拉耶佛市，準備主持邊境地區的軍事演習。在前往行宮的路上，一名來自塞爾維亞族的年輕人突然出現，朝斐迪南大公和王妃開了數槍，兩人當場斃命。

此事很快傳到了奧匈帝國，憤怒的皇帝認定這是塞爾維亞策劃的陰謀，於是向塞爾維亞宣戰。

第一次世界大戰爆發

20 世紀初，歐洲逐漸形成了兩大陣營：以英國、法國、俄國為首的「協約國」；以德國、義大利、奧匈帝國為首的「同盟國」（戰爭爆發後，義大利為了自身利益，退出同盟國加入了協約國）。兩大陣營互相敵視，都暗自積蓄實力，準備發動戰爭，稱霸世界。

塞拉耶佛事件，讓這些蠢蠢欲動的國家找到了發動戰爭的理由。於是，第一次世界大戰爆發了。

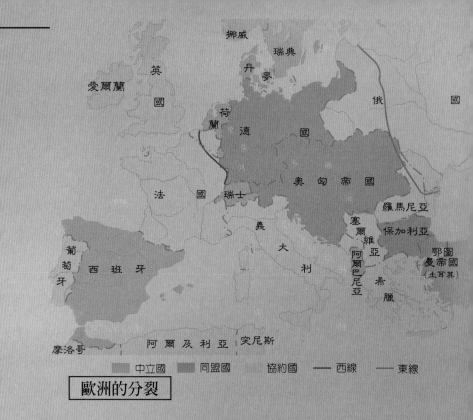

歐洲的分裂

中立國　同盟國　協約國　—— 西線　—— 東線

凡爾登「絞肉機」

1916 年 2 月，德國人決定在法國的凡爾登地區發動一場大規模戰役，來「流乾法國人的血」。戰役初期，德軍占有一定優勢，英法兩國立刻調來援軍，發動反攻。

雙方在凡爾登交戰，前後僵持了近 10 個月，各自投入了 100 多萬名士兵。戰鬥的高峰期，每天都有數千人喪命。

1916 年 12 月，德國終於停止了攻擊。當時，雙方都死傷無數。在「法國人的血」快流乾之時，「德國人的血」也快流乾了。

第一次世界大戰戰場

·改變世界格局·
全世界的無產階級聯合起來！

十月革命

工業革命爆發後，俄國的工業發展一直落後於歐洲其他國家的工業發展。第一次世界大戰爆發後，俄國軍隊在前線屢戰屢敗，後方又出現了糧食不足的情況，但上層貴族依舊過著奢華腐敗的生活。

長期處於內憂外患的俄國在 1917 年 3 月（俄曆 2 月）爆發了「二月革命」。沙皇統治被推翻，臨時政府成立。可是，臨時政府依然不顧人民的死活，繼續往前線派兵。在這種情況下，列寧領導廣大窮苦人民發動了著名的「十月革命」，推翻了臨時政府，建立了世界上第一個共產主義的國家。

蘇聯的崛起

1922 年，蘇聯成立。1924 年，列寧去世，約瑟夫 · 史達林成為新領袖。在他的領導下，蘇聯為自己量身制訂了「五年計畫」，集全國之力進行工業建設。

當完成了第一個五年計畫與第二個五年計畫之後，蘇聯的工業水準得到飛速提高，一躍成為歐洲第一、世界第二的工業強國。

第二次世界大戰

戰爭狂人希特勒

　　1933 年，希特勒成為德國總理。他認為，日耳曼人是全世界最優秀的民族，應當征服其他「劣等民族」。另外，他還一心想搶奪其他國家的財富，占領他們的領土，讓德國統治整個世界。

　　希特勒上任後，瘋狂擴軍備戰。當時歐洲其他國家在第一次世界大戰中付出了慘痛的代價，想休養生息，無心打仗，所以面對希特勒的咄咄逼人，英法等國選擇了退讓。結果，卻讓希特勒更加猖狂，他認定其他國家都是軟弱無能的，便開始醞釀更大規模的戰爭。

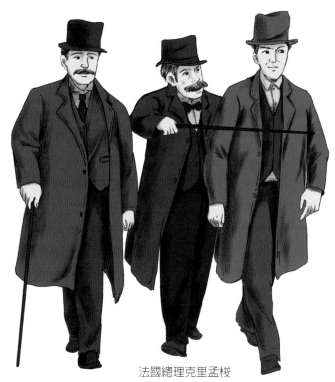

英國首相勞合・喬治　　法國總理克里孟梭　　美國總統威爾遜

巴黎和會「三巨頭」

抗日戰爭

1931 年 9 月 18 日晚上，幾名日本士兵炸毀了位於瀋陽柳條湖附近的南滿鐵路，栽贓給中國軍隊，並以此為藉口發兵攻打中國東北地區。很快，東北三省淪陷了。

日本占領東北三省後，蔣中正寄希望於「國際聯盟」能夠主持公道，制裁日本。可是，「國際聯盟」並不想為了中國而得罪日本，這使得日本的氣焰更加囂張。

1937 年 7 月 7 日，日本發動全面侵華戰爭，聲稱要在 3 個月內滅亡中國。在危難關頭，中國各界聯合起來，開始了艱苦卓絕的抗日戰爭。

你知道嗎？

國際聯盟

國際聯盟是第一次世界大戰後建立的國際組織，意在促進國際合作，協調各國矛盾，阻止戰爭爆發，為世界和平做貢獻。然而，這一組織自成立之後便淪為英法等列強操縱世界的工具。列強為了自身利益無視弱小國家的主權。因此，在第二次世界大戰爆發之前，國際聯盟便已形同虛設，聯合國成立後，國際聯盟於 1946 年宣告解散。

第二次世界大戰全面爆發

1939 年 9 月，德國對波蘭發動突襲，採用一種名為「閃電戰」的戰術，以坦克為主力，僅用 1 個月就滅亡了波蘭。次年，德國用 6 個星期就擊敗了法國。

義大利、日本與德國結盟，組成了一個名為「軸心國」的軍事集團。這一時期，大半個歐洲都籠罩在希特勒的野心的陰雲之下。

第二次世界大戰轉捩點

德國軍隊在戰場上屢戰屢勝，征服了大半個歐洲。於是，希特勒決定向自認為最大的敵人——蘇聯發起挑戰！

1941 年，德國對蘇聯發動偷襲，僅用了幾個月的時間，就占領了蘇聯的大片國土。希特勒還狂妄地表示，自己馬上就要成為「最後贏家」了。

但是，蘇聯人民沒有屈服，而是選擇與入侵者抗爭到底。1942 年中至 1943 年初，蘇德兩國在史達林格勒（今伏爾加格勒）展開了激烈的戰鬥。德國對蘇聯發起了猛烈的進攻，蘇軍寸土必爭，沿著每一座建築、每一條街道進行激烈拼殺。

經過數月的交戰，蘇聯軍隊不僅牢牢地守住了這座城市，還發動了反擊，包圍了德國軍隊，取得了最後勝利！

蘇聯在這場戰役中獲勝，成為第二次世界大戰的轉捩點，此後，蘇聯開始轉守為攻。

偷襲珍珠港

1941 年 12 月 7 日，美國太平洋艦隊正在夏威夷群島的珍珠港內「休假」。突然間，數百架日本飛機飛過珍珠港上空，炸彈如雨點般地落下來，毫無防備的太平洋艦隊受到重創，數千名海軍士兵陣亡。這一事件使美國人民群情激憤，美國正式向日本宣戰。

轟炸珍珠港

第二次世界大戰結束

　　1945 年，德國軍隊節節敗退，被蘇聯紅軍一路逼退到首都柏林。此時希特勒仍在垂死掙扎，他調動了上百萬士兵準備進行最後的抵抗。

　　蘇聯軍隊對柏林展開進攻，一鼓作氣擊破了德國軍隊的防禦。希特勒眼見希望破滅，於 4 月 30 日結束了自己的生命。5 月 8 日，德國宣布無條件投降。

　　德國投降後，盟國發布敦促日本投降的《波茨坦宣言》，但日本仍負隅頑抗。1945 年 8 月 6 日和 8 月 9 日，美國分別在日本的廣島和長崎投下原子彈。8 月 15 日，日本宣布投降，9 月 2 日簽署無條件投降書，第二次世界大戰正式結束。

要和平，不要戰爭！

聯合國的成立

兩次世界大戰都給世界人民帶來無盡的苦難。因此，戰爭結束後，人們更加嚮往和平，希望能有一個維護世界和平的組織出現，讓人們遠離戰火。在這種情況下，聯合國應運而生。

聯合國的主要職責是維護世界和平。當國家之間發生矛盾時，聯合國就會派人去「勸架」，讓他們用和平的方式解決問題。當今世界的和平穩定，聯合國功不可沒。

日內瓦會議

第二次世界大戰結束後，世界劃分成兩大陣營：以美國為首的資本主義陣營和以蘇聯為首的社會主義陣營。

為了商討解決朝鮮等遺留問題，蘇、美、中華人民共和國、英、法於 1954 年 4 月 26 日在瑞士的日內瓦召開會議。

馬丁・路德・金恩

消除種族隔離制度

在南非、美國等國家，曾經存在嚴重的種族隔離現象，也就是按照不同種族將人群分割開來，使得各種族不能同時使用公共空間或者服務。種族隔離實際上是一種不平等的種族歧視行為。隨著近代文明不斷推進，很多國家開始廢除或者禁止種族隔離。在南非，曼德拉帶領南非結束種族隔離制度，走向多種族的民主制度。在美國，黑人民權運動領袖馬丁・路德・金恩不斷地為種族平等而抗爭。

曼德拉

種族隔離

歐洲聯盟的出現

昔日強大的歐洲各國，要麼倒向美國，要麼倒向蘇聯，要麼在美蘇爭霸的夾縫中生存。

歐洲各國不甘心於這樣的情況，於是他們選擇聯合起來。

1967 年，6 個西歐國家組建了「歐洲共同體」，組織內的成員國互相合作，並用同一個聲音在國際舞臺上發聲，這促進了他們的經濟發展和國際地位的提高。到 1993 年，大部分的西歐國家都加入了這個組織，並將組織名稱改為「歐洲聯盟」。2013 年時，歐洲已有 28 個國家加入「歐洲聯盟」。

■ 歐盟成員國

歐洲聯盟
（迄 1986 年）

蘇聯解體

1991 年 12 月 25 日，蘇聯人民聚集在電視機前，凝望著畫面裡的戈巴契夫。他坐在鏡頭前，神情嚴肅地宣布蘇聯解體。

聽完戈巴契夫的發言，許多人久久沒有緩過神來。但很快人們就發現，克里姆林宮上空常年飄揚的蘇聯國旗緩緩降落，而代表著俄羅斯的「紅藍白」三色旗徐徐升了上去。

從這一天起，蘇聯成為歷史。

戈巴契夫宣布蘇聯解體

·探索與突破·
飛速發展的現代科技

第二次世界大戰結束後，人類再次在科技領域取得突破，原子能技術、電腦技術與航太技術都開始迅猛發展。

在美蘇冷戰的背景下，其他各國的科技發展也揭開了序幕。

國際太空站

太空人

複製羊

現代美國家庭生活

航太業的發展

1957 年，蘇聯發射了世界上第一顆人造地球衛星。1966 年，蘇聯又發射了世界上第一顆人造月球衛星。蘇聯航太業的迅猛發展嚴重刺激了美國，於是雙方展開了一場轟轟烈烈的競賽：

1957 年，蘇聯首次將一條狗送上了太空；

1958 年，美國研發了第一顆太陽能衛星；

1959 年，蘇聯成功將探測器送上月球；

1960 年，美國發射了第一顆攝影偵察衛星；

1961 年，蘇聯實現了載人航空，太空人加加林成為進入太空的第一人；

1969 年，美國實現了載人登月，阿波羅 11 號成功將兩名太空人帶上月球。

美蘇兩國的太空競賽從 1957 年一直持續到 1975 年。這場耗資巨大的太空競賽只是美蘇爭霸的一個小「戰場」，卻對全人類航太技術的發展發揮了極大的推動作用。

電腦技術的突破

1946 年，美國賓夕法尼亞大學實驗室裡突然發出了一陣歡呼。一群年輕的科學家懷著激動的心情向大家介紹他們的「新朋友」埃尼阿克——世界上第一台電腦。

「埃尼阿克」占地 170 平方公尺，重達 30 噸。儘管外形笨重，但它的計算能力卻遠遠超出了當時世界上所有的運算工具。因此，它剛一面世就獲得了全世界的關注和稱讚。

之後的幾十年裡，電腦經歷了數次更新換代。到了 1980 年，微型電腦出現。這時的電腦已和我們現在平時用的電腦差不多大了。

現代飛機

20 世紀初，萊特兄弟和他們發明的飛機

·跨入 21 世紀·
新世紀新機遇

　　第二次世界大戰剛結束時，面對滿目瘡痍的歐洲城市，有人斷言，光是清除這些瓦礫就需要 20 年時間。然而，當 20 年真的過去之後，歐洲人不但清除了所有的瓦礫，還建設了更美麗、更現代的城市。

　　從第二次世界大戰結束到 21 世紀，許多國家成功地步入了現代化。冰箱、彩電、電腦、手機走進千家萬戶。數位技術飛速發展，線上教育、線上支付、網路購物等逐漸成為今日的主流。科技發明引領大眾生活，人們勇於接受新事物，人工智慧即將開啟新的時代。

89

附錄：世界歷史著名人物

那爾邁

西元前 3185 年—前 3125 年

埃及君主，實現了埃及南北統一，建立大一統帝國。

印何闐

生卒年不詳

建築家，設計了世界上第一座金字塔。

吉爾伽美什

生卒年不詳

古美索不達米亞的英雄人物。

漢摩拉比

生卒年不詳

制定了歷史上最古老的法律典籍之一。

哈特謝普蘇特

西元前 1479 年—前 1457 年

古埃及新王國時期的攝政女王，奉行和平政策。

阿肯那頓

西元前 1355 年—前 1337 年

神祕的法老，曾經預言宗教衝突會讓世界不得安寧。

示巴女王巴爾基斯

生卒年不詳

她與所羅門王聯姻，開闢了一片直抵腓尼基的廣大文化區域。

荷馬

約西元前 9 世紀—前 8 世紀

古希臘吟游詩人，著有《伊里亞德》與《奧德賽》兩部巨著。

查拉圖斯特拉

約西元前 7 世紀—前 6 世紀

波斯人中擁有人文視野和世界眼光的早期先哲之一。

以賽亞

約西元前 8 世紀

領導舊世界思想革命的「四先知」之一。

釋迦牟尼

約西元前 565 年—約前 485 年

佛教的創始人，原名喬達摩‧悉達多，成佛後被稱為釋迦牟尼。

孔子

西元前 551 年—前 479 年

中國古代思想家、教育家，儒家學派創始人。

菲迪亞斯

約西元前 490 年—前 432 年

古代雅典城邦的著名雕塑家
與建築家，他塑造的宙斯被奉為
經典。

希羅多德

西元前 484 年—前 420 年

古希臘史學先驅，主張以史
實為依據從事歷史研究。

亞歷山大大帝

西元前 356 年—前 323 年

歐洲歷史上偉大的軍事統
帥，馬其頓王國君主，他締造了
一個龐大的帝國。

阿育王

西元前 272 年—前 232 年

印度孔雀王朝君主，奉行佛教
非暴力原則，又稱無憂王。

秦始皇

西元前 259 年—前 210 年

中國秦朝的創立者，中國歷史上
的第一個皇帝，他統一了中國，奠定
了中國之後 2000 多年的政治格局。

阿曼尼・沙凱赫特女王

約西元前 35 年

努比亞王朝的女王，她大勝
羅馬軍隊，使國家擺脫了被吞併
的厄運。

耶穌

西元前 4 或前 5 年

基督教創始人，被基督
教認為是猶太教《舊約》裡
所指的救世主——彌賽亞。

哈德良

76 年—138 年

開明君主，羅馬帝國全盛時
期的代表人物。

芝諾比亞

約 240 年—274 年

敘利亞東部帕米拉女王，
統治期間向埃及和小亞細亞一
帶擴大勢力。

君士坦丁一世

280 年—337 年

羅馬帝國的皇帝，以君士
坦丁堡作為新國都，確立了基
督教的宗教統治地位。

阿提拉

406 年—453 年

匈族首領，締造了一個
疆域遼闊的帝國。

阿耶波多

476 年—550 年

古印度數學家、天文學
家，提出了地球圍繞地軸自
轉的理論。

查士丁尼一世

約 483 年—565 年

拜占庭帝國皇帝，一度試圖復興整個羅馬帝國，有「法律之父」之稱。

巴加爾大帝

603 年—683 年

馬雅王國全盛時期的統治者，此後，這一古文明迅速滅亡。

查理曼大帝

約 742 年—814 年

法蘭克國王，被羅馬教皇加冕為「羅馬人的皇帝」。

阿維森納

980 年—1037 年

波斯哲學家、作家、科學家，中世紀最偉大的思想家之一。

薩拉丁

1138 年—1193 年

埃及歷史上的民族英雄。

腓特烈二世

1194 年—1250 年

西西里王國統治者，神聖羅馬帝國皇帝。中世紀時期地中海地區宗教寬容思想和文化繁榮的傑出代表。

亞西西的方濟各

1181 年—1226 年

曾經為商人，後來成為隱修教士。他對福音思想的領悟與拉丁基督教世界中居主導地位的政治基督教思想截然對立。

成吉思汗

1158 年—1227 年

恩威並施的蒙古統帥，人類歷史上面積最廣闊的帝國的君主，是世界上最偉大的統帥之一。

拉施德丁

1247 年—1318 年

波斯史學家，他編纂的《史集》是世界上第一部完整的世界通史。

但丁

1265 年—1321 年

歐洲文藝復興時期的義大利詩人，文學巨匠，著有《神曲》。

曼薩·穆薩

1280 年—1337 年

馬利國王，他統治的帝國國力強大。

伊本·巴圖塔

1304 年—1377 年

旅行家，足跡遍布非洲、亞洲、地中海、印度洋。

蒙特祖馬一世

1398 年—1469 年

阿茲特克王朝全盛時期的皇帝。

達文西

1452 年—1519 年

歐洲文藝復興時期的義大利著名藝術大師、哲學家、詩人，文藝復興「美術三傑」之一。

哥倫布

1451 年—1506 年

航海家，原本是想開闢通往亞洲的航線，卻意外地發現了新大陸——美洲。

王艮

1483 年—1541 年

中國古代思想家王陽明的弟子，主張保護婦女，維護弱勢群體的利益。

阿達華巴

1497 年—1533 年

印加帝國最後一位統治者，因輕信西班牙入侵者而國破家亡。

蘇利曼一世

1494 年—1566 年

鄂圖曼帝國統治者，領導帝國進入了鼎盛時期。

阿克巴

1542 年—1605 年

蒙兀兒王朝皇帝。他在位時，帝國的文化和藝術達到頂峰。

莎士比亞

1564 年—1616 年

英國歷史上偉大的劇作家，代表作有《哈姆雷特》、《羅密歐與茱麗葉》，被世人尊稱為「莎翁」。

伽利略

1564 年—1642 年

義大利科學家，被譽為現代物理學奠基者。

斯賓諾莎

1632 年—1677 年

荷蘭傑出的唯物主義哲學家，他是敢於質疑宗教思想潮流的開先河者。

松尾芭蕉

1644 年—1694 年

日本士人，俳句大師。

莫札特

1756 年—1791 年

維也納的天才音樂家。

康德

1724 年—1804 年

普魯士人，啓蒙思想家，他將對普遍性和人類情況的思考發揮至極致。

盧維杜爾

1743 年—1803 年

迫使聖・多明戈的種植園主解放奴隸，並與這些奴隸結成休戚與共的命運共同體，實現了啓蒙思想所宣導的自由思想。

拿破崙

1769 年—1821 年

法蘭西第一帝國的皇帝，能征善戰。

玻利瓦爾

1783 年—1830 年

南美擺脫西班牙統治時，進行獨立戰爭的領袖人物。

卡德爾

1808 年—1883 年

阿爾及利亞政治家、軍事領袖，是非洲大陸反抗歐洲帝國主義的代表人物。

林肯

1809 年—1865 年

美國總統。他廢除了奴隸制，致力於南北和解，卻被極端分子槍殺。

杜斯妥也夫斯基

1821 年—1881 年

俄國著名作家，擅長對人性進行深度挖掘。

雨果

1802 年—1885 年

著作豐富的法國作家，代表作有《巴黎聖母院》、《悲慘世界》。

坐牛

1831 年—1890 年

蘇族人的首領，試圖阻止美國人奪取印第安人的土地。

居里夫人

1867 年—1934 年

波蘭裔法籍物理學家和化學家，曾兩度榮獲諾貝爾獎。

世界歷史著名建築

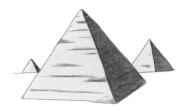

金字塔

古埃及法老的陵墓，世界
七大奇蹟之一。

邁諾安王宮

克里特島上曾經存在的王
宮，在古希臘神話中有「迷宮」
稱號。

帕德嫩神廟

奉祀雅典守護神雅典娜·
帕德嫩的神廟。

萬里長城

中國古代的軍事防禦工程。

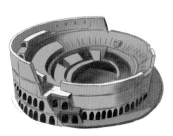

古羅馬競技場

古羅馬時期為舉辦角鬥
士表演而興建的建築。

萬神廟

整個羅馬地區保存最完整的神
廟，是古羅馬建築的代表作。

聖·索菲亞大教堂

由查士丁尼一世建造，
是當地最大的圓頂教堂。

仰光大金塔

馳名世界的緬甸佛塔，11
世紀時興建。

法隆寺

建造於飛鳥時代的日本，是
木質結構的佛教寺廟。

西敏寺

坐落在倫敦泰晤士河北岸，承辦了許多重大儀式。

倫敦塔

倫敦著名古蹟，聯合國教科文組織所列世界文化遺產之一。

溫莎城堡

目前是英國王室溫莎王朝的家族城堡，是現今世界上有人居住的城堡中最大的一個。

巴黎聖母院

哥德式風格的基督教教堂建築，象徵著古老的巴黎。

吳哥窟

東埔寨吳哥王朝時期廟宇，世界上最宏大的宗教建築之一，是東埔寨的象徵。

阿爾罕布拉宮

又稱「紅堡」，是西班牙中世紀時伊斯蘭教格瑞那達王國的宮殿。

亞眠大教堂

法國哥德式建築，坐落於法國索姆省亞眠市索姆河畔，建於哥德式建築頂峰時期。

比薩斜塔

義大利比薩城大教堂的獨立式鐘樓，斜而不倒的比薩斜塔一直都吸引著世界各地的學者和遊客，這也使比薩斜塔聞名於世界。

科隆大教堂

德國北部最大的教堂，也是世界最高的教堂之一，是中世紀歐洲哥德式建築藝術的代表作。

米蘭大教堂

哥德式建築，米蘭人稱之為「世界八大奇蹟之一」。

故宮太和殿

俗稱金鑾殿，是明、清古代
宮殿建築，是中國現存最大的木
結構大殿。

聖彼得教堂

由米開朗基羅設計，位於梵蒂岡
的一座天主教宗座聖殿，是天主教會
的重要象徵之一。

聖瓦西里教堂

位於俄羅斯紅場東南部，遙
望克里姆林宮的斯巴斯卡亞塔。
它是俄羅斯最富盛名的教堂。

楓丹白露宮

楓丹白露宮是法國最大的皇宮之一，
旅遊勝地，許多法國皇帝曾到此避暑。

天壇

位於北京的天壇始建於 15 世紀明成祖
時期，是世界上最大的祭天宗教建築群。

凡爾賽宮

位於法國，是世界上最大、最
宏偉的宮殿之一。

聖保羅大教堂

英國著名的基督教堂，是
英國古典主義建築的代表。

布達拉宮

佇立在中國拉薩西北的紅山上，
是一座規模非常宏大的宮堡式建築
群，最初是松贊干布為了迎娶文成
公主而建的。

白金漢宮

英國王宮，1703 年建成，最初稱為
白金漢屋，後被賣給喬治三世，此後成
為王室成員住所。

冬宮

坐落在聖彼得堡宮殿廣場上，原為俄羅斯沙皇的皇宮，是俄羅斯巴洛克式建築的傑出典範。

羅浮宮

位於法國巴黎市中心的塞納河北岸，是世界上最有名、最古老、最大的博物館之一。

費城獨立廳

位於費城，曾為美國聯邦政府所在地，被聯合國教科文組織列入世界文化遺產，為英式古典建築。

白宮

位於美國華盛頓，由羅斯福總統正式命名，美國總統居住和辦公場所。

凱旋門

古羅馬統治者及之後的歐洲封建帝王為炫耀對外侵略的戰績而建的一種紀念性建築。

英國國會大廈

巨大的維多利亞塔和高聳的鐘塔使英國國會大廈成為倫敦最著名的地標。

新天鵝堡

由巴伐利亞國王路德維希二世修建於19世紀晚期，是迪士尼城堡的原型。

自由女神像

位於紐約港河口的自由島上，正式名稱為「自由照耀世界之神」，是法國為紀念美國獨立110周年和美法兩國人民友誼送給美國的禮物。

神聖家族教堂

簡稱「聖家堂」，是加泰羅尼亞建築師安東尼奧・高迪的畢生傑作。

艾菲爾鐵塔

以設計它的橋梁工程師
居斯塔夫・艾菲爾命名,是
法國巴黎的一個重要景點和
突出標誌。

米拉公寓

位於西班牙巴塞隆納,是富豪米
拉先生請高迪設計的私人住宅,建築
無一處是直角。

包浩斯學校

德語意為「建築之家」,是國際
現代藝術的實驗中心之一。

帝國大廈

世界最高的摩天大樓之一,
位於美國紐約市曼哈頓市區。

金門大橋

位於美國的世界著名橋梁,
近代橋梁工程的一項奇蹟。

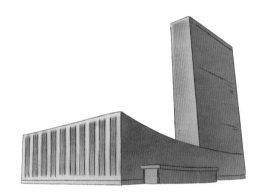

聯合國總部大廈

聯合國總部的所在地,4個主要建築物為祕書
處辦公樓、會議樓、大會廳和哈馬舍爾德圖書館。

紐約世界貿易中心

美國紐約市最高、樓層最多的摩天樓,美
國紐約地標之一,有「世界之窗」之稱。

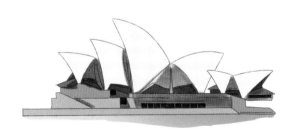

雪梨歌劇院

坐落在澳大利亞雪梨港的貝尼岬角,是世
界級的表演藝術中心。

香港中國銀行大廈

由貝聿銘設計,是香港最現代化的
建築之一。

歷史給我們的最好的東西就是它所激起的熱情。
　　　　——〔德〕歌德《歌德的格言和感想集》

國家圖書館出版品預行編目資料

用全景地圖學世界史 / 魏新編寫, 星蔚時代編繪.
-- 初版. -- 臺北市：五南圖書出版股份有限公司,
2021.05
面；公分

ISBN 978-986-522-371-7（下冊：精裝）

1.世界史

710   109018731

ZW20　少年博雅 033

用全景地圖學世界史（下）
文藝復興時期到二十世紀

編　　者：魏新
編 繪 者：星蔚時代
校　　訂：余慶俊
發 行 人：楊榮川
總 經 理：楊士清
總 編 輯：楊秀麗
副總編輯：劉靜芬
責任編輯：黃郁婷、黃麗玫
封面設計：王麗娟
出 版 者：五南圖書出版股份有限公司
地　　址：106 台北市大安區和平東路二段 339 號 4 樓
電　　話：(02)2705-5066
傳　　真：(02)2706-6100
劃撥帳號：01068953
戶　　名：五南圖書出版股份有限公司
網　　址：https://www.wunan.com.tw
電子郵件：wunan@wunan.com.tw
法律顧問：林勝安律師事務所　林勝安律師

出版日期：2021 年 5 月初版一刷
定　　價：新臺幣 520 元